わたしたちのくらしと地方議会

① 議会と民主主義

監修　廣瀬和彦

は じ め に

みなさんは議員(ぎいん)と聞いたときにどんなイメージを思いうかべますか？

おそらくテレビでよく見る国会議員(ぎいん)が思いうかぶのではないでしょうか。

みなさんの生活するまちには、国会議員(ぎいん)よりもっと身近な、

生活に直結(ちょっけつ)するさまざまな決め事を

みなさんに代わって決定している地方議会議員(ぎかいぎいん)がいます。

でも、最(もっと)も身近な地方議会議員(ぎかいぎいん)がどんな活動をしているか知っていますか。

ぜひこの本を読んで、自分のまちの地方議会議員(ぎかいぎいん)が、そして地方議会(ぎかい)が

どんな活動をしているか興味(きょうみ)をもってほしいのです。

みなさん自身もいっしょにまちづくりに参加(さんか)する

きっかけとなってもらえるとうれしいです。

廣瀬和彦(ひろせかずひこ)

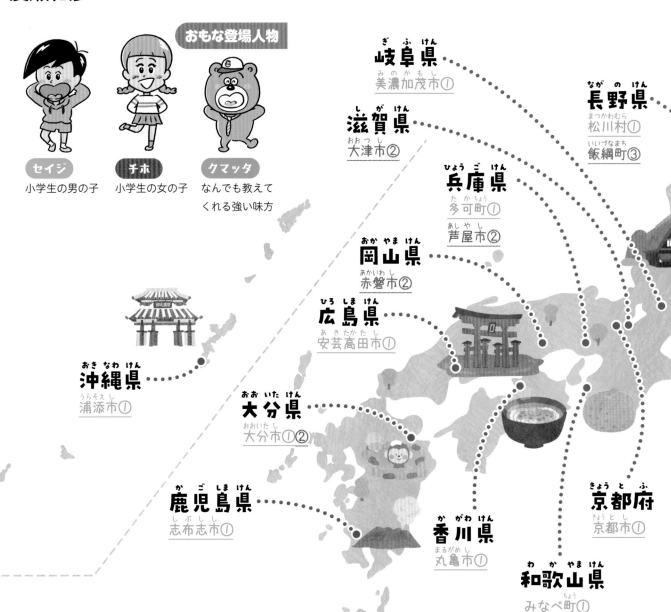

おもな登場人物

セイジ
小学生の男の子

チホ
小学生の女の子

クマッタ
なんでも教えて
くれる強い味方

岐阜県(ぎふけん)
美濃加茂市(みのかもし)①

長野県(ながのけん)
松川村(まつかわむら)①
飯綱町(いいづなまち)③

滋賀県(しがけん)
大津市(おおつし)②

兵庫県(ひょうごけん)
多可町(たかちょう)①
芦屋市(あしやし)②

岡山県(おかやまけん)
赤磐市(あかいわし)②

広島県(ひろしまけん)
安芸高田市(あきたかたし)①

沖縄県(おきなわけん)
浦添市(うらそえし)①

大分県(おおいたけん)
大分市(おおいたし)①②

鹿児島県(かごしまけん)
志布志市(しぶしし)①

香川県(かがわけん)
丸亀市(まるがめし)①

京都府(きょうとふ)
京都市(きょうとし)①

和歌山県(わかやまけん)
みなべ町(ちょう)①

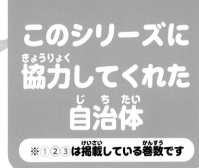

このシリーズに協力してくれた自治体

※①②③は掲載している巻数です

新潟県
上越市①

北海道
中標津町①
芽室町②

青森県
板柳町①

栃木県
宇都宮市①
日光市①

埼玉県
埼玉県②
川口市③

茨城県
坂東市②

千葉県
富津市①

東京都
文京区①③
町田市①
墨田区②

神奈川県
藤沢市①

この本の使い方

この章で何を学ぶのか、まんがでわかります

大切なことが見出しになっています

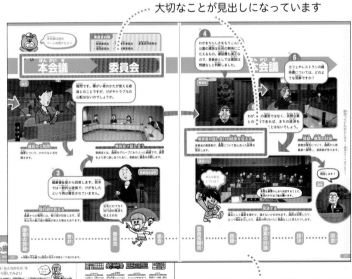

写真とイラストを使ってわかりやすく説明しています

もっと調べてみてほしいことが書いてあります

もくじ

1章

まちの公園はだれのもの？〜まちづくりはだれが進めるの？〜

2章

議会ってどんなところ？ ~議会ツアーへようこそ！~

3章

議会で決めることはどんなこと？ ~具体的なまちづくり~

まとめまんが

みんなで考えるまちづくり

1章 まちの公園はだれのもの？
～まちづくりはだれが進めるの？～

市町村や都道府県など、その地域の行政を進める組織を「地方公共団体（地方自治体）」といいます。この本では、地方公共団体のことを「まち」と、まちに施設をつくることや、サービスを行うことを「まちづくり」と呼びます。

まちの施設はどこにあるの？

「まちの施設」は、地域の住民ならだれでも利用できます。
公園のほかに何があるか、身の回りの施設に目を向けてみましょう。

まちにある「みんなのもの」を 下の絵から探してみよう！

見つかるかな？

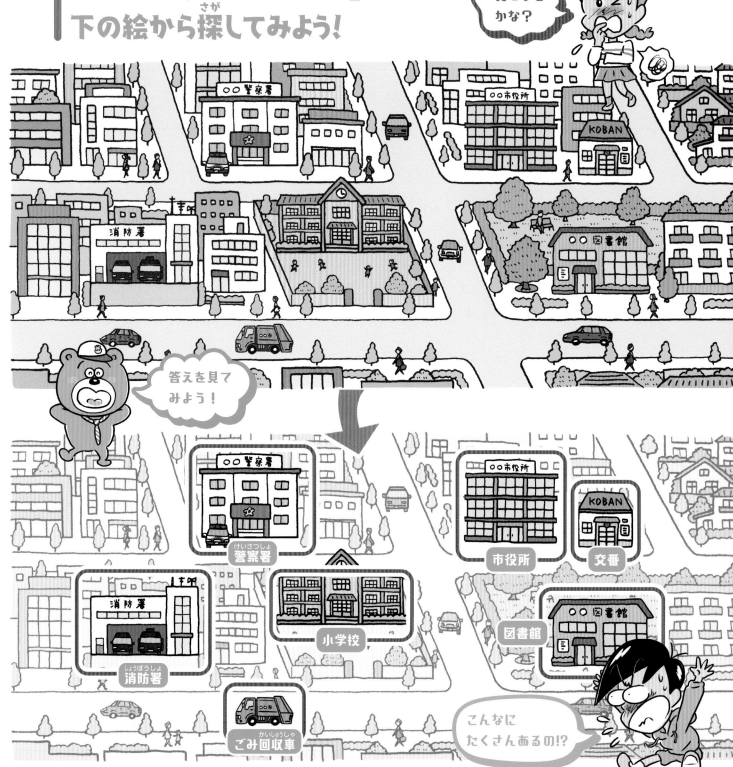

答えを見てみよう！

警察署

消防署

小学校

市役所

交番

図書館

ごみ回収車

こんなにたくさんあるの!?

＊図書館や学校、道路などは、まちではなく、企業が管理・運営している場合もあります。

■「住民」のための施設やサービスがいっぱい！

まちの施設は、地域の住民が安全できもちよくくらすためにつくられています。
施設以外にも、ごみの回収などの「サービス」も行われています。

図書館
本が置かれ、住民が本を読んだり、資料を調べたりするのに使います。

ごみ回収
住民が快適なくらしを送るために、ごみを回収して処理施設に運びます。

小学校
子どもたちが教育を受けるための施設です。

交番
警察官がいる施設。地域の安全を見守り、事件や事故に対応します。

> そのほか
> 公園、中学校、道路、
> 公立病院、児童館　などによって
> **まちが成り立っている！**

学校におきかえると？

16〜17ページでくわしくしょうかい！

図書室や保健室など

学校にも、みんなで使う施設があります。図書室や保健室などは、学校生活を充実させてくれる施設です。

■まちの施設やサービスの特徴

まちの施設やサービスには、大きく分けると3つの特徴があります。

税金が使われている
設置や運営のために、住民が地域や国に納めた税金が使われています。

無料で使える
ルールさえ守れば、無料または安く使えます。

住民みんなのもの
住民みんなが使うもので、施設や、施設にある道具などの持ち主は住民たちです。

> だれがまちの施設をつくることを決めているのかな？

調べてみよう！

税金にはどんな種類があるかな？

> じゃあ次は地方議会について教えちゃおう！

まちのこと、どうやって決めるの?

まちに施設をつくるときは、まちの「議会」で話し合いが行われます。
「議会」は都道府県と市町村ごとにあって、まとめて「地方議会」と呼ばれます。

まちの議会が決める

まちの議会には、住民が選挙で選んだ議員がいます。まちをよくする働き、
つまり「まちづくり」のために、さまざまなことを提案しています。

ごみ焼却施設を拡張しよう

ごみ回収

災害に強い校舎づくりを

小学校

本を購入する予算を増やす

防犯対策をしっかり!

図書館

地方議会

都道府県と市町村ごとにおかれています*。住民の代表である議員たちがさまざまなことを話し合って決めます。

KOBAN

交番

役所で働く人を増やそう!

国のことを決める議会は国会というよ!

役所

*東京都にある23の「区」は「特別区」と呼ばれ、それぞれに議会がおかれています。

‖ 話し合いがポイント

時間をかけて話し合うことは民主主義の基本です。意見を出し合うことで、より
よい意見が生まれたり、さまざまな意見をもとに結論を出したりできます。

少数意見にも耳きかたむける

多数派の意見だけでなく、少数意見も大切にすることが
民主主義の原則です。多数派ばかりだとかたよりがある
し、少数派の不満が生まれやすいからです。

多数決が原則

話し合いをつくしても意見が分かれたとき、賛成する人
が多い意見に従う「多数決」が民主主義の原則です。多く
の人が納得できる結論が出しやすいと考えられています。

みんなで物事き決める
みんしゅしゅぎ
民主主義

学校に
おきかえると？

16～17ページで
くわしくしょうかい！

学級会

学級会や代表委員
会では、多数決で
物事を決めること
が多くあります。

議会ってなんだろう？

議会は、住民から選挙で選ばれた議員で構成されています。
住民に代わって都道府県や市町村ごとの意思をとりまとめる役割をもっています。

主役は住民！

まちづくりの主役は住民です。まちづくりに必要な税金を納めます。18歳以上で、選挙権をもつ住民は、選挙で自分たちの代表である首長や議員を選びます。

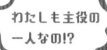

わたしも主役の一人なの!?

 住民

選挙

首長はまちと役所のリーダー

住民は議員のほかに、首長を選びます。首長はまちと役所のリーダーになります。首長はまちによって「県知事」「市長」などと呼ばれます。

首長

議員

このしくみは
日本のどのまちでも
同じだよ！

役所

議会

首長と議員は選挙で選ばれる

地方の政治のことを「地方自治」と呼びます。地方自治の大きな特徴は、住民が議員と首長それぞれを選挙で選ぶこと。これを「二元代表制」といいます。

まちの公園はだれのもの？〜まちづくりはだれが進めるの？〜

国の場合

国の選挙では、国民は議員を選挙で選び、議員たちが国民の代表として総理大臣を選ぶしくみです。

選挙　国会議員　指名　総理大臣

国民

「二元代表制」のしくみ

住民

選挙

住民

選挙

議会の招集、予算・条例などの議案の提出、解散

予算・条例などの議決、調査・監視、
不信任決議（役目を任せられないと決めること）

首長

議員

首長と議会は住民の代表

間接民主制

住民が直接政治を行うのではなく、自ら選んだ代表者を通じて、間接的に政治に参加することを「間接民主制」といいます。

賛成！　賛成！　賛成！　反対！

調べてみよう！

直接民主制もあるよ。

どんなしくみかな？

16ページもチェックしてね！

まちづくりはだれが進めるの？

わたしたち住民と、選ばれた議員で構成された議会、そして首長がリーダーとなる役所が、それぞれに役割を果たしながらまちづくりが進められていきます。

住民

まちづくりへの意見を出す

自分たちの意見が届くように、議員や首長を選挙で選びます。

税金を納める

首長を選ぶ

まちづくりはみんなで進めるんだね！

そのとおりだ！

学校づくりを見てみよう!

学校づくりも、まちづくりと似ているところがたくさんあります。学級会や代表委員会は、まちの議会のような役割をもち、学校の中にはさまざまな施設があります。

学級会や代表委員会

クラスの中で話し合いを進める学級会や、クラスの代表が集まって学校全体のことを決める代表委員会。学校の中にも「議会」と似たしくみがあります。

学級発表会の
出し物は○○にします。
いいですか?

クラス委員

賛成!

クラスのみんな

これって
「直接民主制」だ!

学級会では、クラス全員が参加して意見を直接出し合ったり、多数決に参加したりします。

代表委員はクラスの代表。クラスの人たちは代表委員に意見を伝え、代表委員がその意見をもとに話し合いを行います。

うちのクラスでは、
校門のそうじを
担当したいと
意見が出ました

代表委員会

代表委員長

みなさんのクラスは
どうですか?

こっちは
「間接民主制」だね!

各クラスの代表委員

いろいろな役割

委員という役割をもった子どもたちは、学校の美化や学校行事の運営、自分たちの健康的な生活のために働きます。

給食委員

学校のみんなに、給食の栄養のことを伝えるために、ポスターをつくったよ！

利用できる施設

学校に通うみんなのためにある保健室や図書室、トイレ。快適な学校生活を送るための施設です。

図書室

学校も、小さな「まち」みたい！

美化委員

みんなが学校生活を気持ちよく送れるように、花だんの手入れをしたよ

運動会がスムーズに進むように、競技の説明などを放送したよ

放送委員

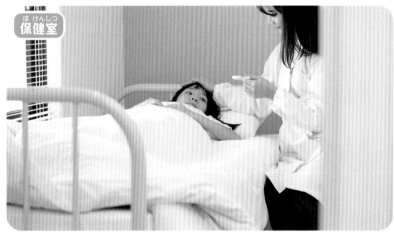

保健室

トイレ

2章

議会ってどんなところ？
～議会ツアーへようこそ！～

まちの議会が代表委員会に
ちょっと似ているなんて
おもしろいね！

でしょ
でしょ♪

ねー

じゃあさ、
まちの議会って
どんなところで
話し合っているの？

机、ちっちゃい…

もしかして……
教室に集まって
話し合ったりして！

全然ちがうよ～！

バッサリ

ズーン

そりゃそうか！

議員が
話し合いをする
会議場が
あるんだよ！

あ！

わたし、
それテレビで
見たことあるかも!!

こんなところでしょ!?
こういう感じの建物の中で、
議員さんが話し合っているのよ！

おー、さすが
チホちゃん！

ものしり！

パチパチ

それは国会議事堂ね……

バッサリ

ズッコケ

あり!?

ちがうんかい!!

国会議事堂は
国の大事なことを
決める「国会」が
開かれるところだね

国会

そうしたら、まちのことを決める
国会議事堂みたいな建物が、
それぞれのまちにあるってこと!?

んーでも…

まちで
そんな建物、
見たこと
ないなぁ

地方議会

?

議員が集まる会議場は、役所の中などわたしたちの身近なところにあります。会議場の中や、まわりのいろいろな施設を見学したり、話し合いの様子を見たりしてみましょう。

地方議会をのぞいてみよう！

地方議会の中には本会議場のほかに、役割によっていろいろな施設があります。
それぞれどんな様子か、見てみましょう。

本会議場

議員全員が集まる、話し合い専用
の会議室です。立場によってさま
ざまな種類の席があります。

執行部席

首長や役所（執行機関）の職員が、
議員に説明したり質問に答えたり
するためにここに座ります。

首長席

執行機関のリーダーで
ある首長が座る席です。

議員席

議員が座る専用の席。名前の
入った氏名標があります。

ここが
本会議場だよ！

すてき！

傍聴席

本会議を見に来た人たちが
座る席です。

＊20〜23ページでしょうかいする施設は一例です。すべての議会に備わっているとはかぎりません。写真は富津市議会で撮影しました。

議長席
議員の中から選ばれた議長は、ここで会議を進行します。

演壇
首長や議員が説明や報告をするところです。

ライブカメラ
⇒22ページをチェック！

執行部席

モニター
⇒22ページをチェック！

質問席
議員が質問するときに使う席です。

マイクロホン
⇒22ページをチェック！

氏名標
⇒22ページをチェック！

かっこいいな！

記者席
会議の様子を報道する記者が使う席です。

本会議場で発見!

話し合いをスムーズに進めるために、さまざまな工夫があります。

いろいろ見つけちゃった!

氏名標

質問席や議員席などにあるよ。

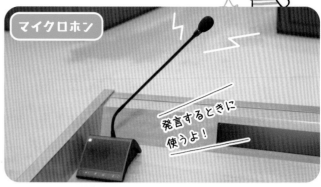

マイクロホン

発言するときに使うよ!

ライブカメラ

これでインターネット中継!

モニター

話している人の様子や、話す時間が表示されるよ!

出席議員数　0名　発言残時間　0分

本会議場のまわりでも発見!

会議中であることを知らせるサインランプや、議員が登庁(議会に出席すること)したことを知らせる名札などがあります。傍聴に来る住民のためのルール案内などもあります。

サインランプ

議会が始まったらライトがついたよ!

議会開会中

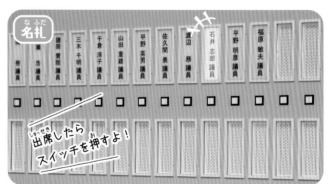

名札

出席したらスイッチを押すよ!

傍聴のルール

傍聴席でのルールが書かれているよ。

バリアフリー通路

車いす用のスロープ!

｜いろいろな部屋

本会議場のほかにも役割をもった部屋がいくつかあります。

⇒役割は26ページをチェック！

委員会室

議案について、専門知識をもった議員などが、じっくり話し合うための会議室。

議長室

議長が議会に関するさまざまな事務を行う部屋です。

執行部控室

役所の職員が会議を見守る部屋。会議中の執行部を助けることもあります。

｜いろいろな傍聴席

会議場には必ず傍聴席があります。会議の様子は公開するというルールがあります。

ほかにも図書室やインターネット中継室などがあるよ！

赤ちゃん用のベッドがある！

親子傍聴室

子育て中の住民のために設けられました。ベビーベッドが設置され、赤ちゃんの世話をしながら会議を傍聴できます。

防音傍聴室

子ども連れの人も気兼ねなく傍聴できるように、傍聴席の一角（左奥）が防音になっています。

どうやって話し合うの？

議員全員が集まって話し合う会議を「本会議」といいます。
本会議の様子を追いかけてみましょう。

住民の声を聞く

本会議の前に議案づくりが行われます。首長や役所が住民の意見や考えを集めて、住民のくらしをよりよくするための議案をつくっていきます。

議案をつくる

予算をどのように使うか、どんなルール（条例）が必要か、新しく施設をつくるべきかなど、住民のさまざまな声にこたえるために、いろいろな議案がつくられます。

住民から声が集まっています！

なるほど！

○○市役所

ごみの埋立地を公園にしてくれるといいなぁ

子どもたちが安心して遊べる場所がほしい！

まちのシンボルになるような施設がほしいわ！

議案

○○市役所

車いすでも利用しやすい遊具があればなあ！

首長や役所が
住民の声などにこたえて
議案をつくる

わたしたちが議案を出すこともあります！

議員

話し合いスタート!

本会議 ▶ 委員会 ▶ 本会議 の順番で行われるよ。

本会議

開会します!

議長

議長が開会宣告

議長が開会を宣告します。この宣告で法的に議会の活動が始まります。

議会が緊張感に包まれる瞬間だよ!

議案を説明

議案を提案した人（ここの例では首長）が議会に提案した理由や、議案の説明をします。

始まった!

1

児童公園を新たに建設する議案を用意しました。健常者も障がい者もいっしょに楽しめるような遊具を用意し、中にはカフェやレストランを充実させ、まちのいこいの場にしたいと思います。

首長

副市長　市長

続きは次のページだね!

議会ってどんなところ？〜議会ツアーへようこそ！〜

開会 ・・・・・・・・・ 議案の説明 ・・・・・・・・・

＊ここでしょうかいしている本会議の様子は、一例であり、実際のものではありません。

本会議は前の
ページの続きだよ！

委員会の例
・総務委員会　・文教厚生委員会　・産業経済委員会
・建設委員会　・予算決算委員会

本会議 委員会

2

質問です。障がい者のかたが使える遊
具とのことですが、けがやトラブルの
心配はないのでしょうか。

議員から質問

議案について、わからない点を
聞きます。

委員会で話し合う

委員会とは、議員をグループにわりふった組織です。議案
をより深く話し合うために、委員会に審査を依頼します。

3

健康福祉部から回答します。欧米
では一般的な遊具で、けがをした
という例は報告されていません。

健康福祉部長

執行部が答える

議員からの質問には、執行部が回答します。首
長以外の執行部の職員が答える場合もあります。

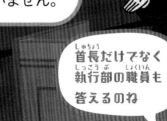

首長だけでなく
執行部の職員も
答えるのね

議案の質疑

答弁

委員会

審査

＊実際の本会議では質疑や答弁が何度もくり返されます。

4

わがまちらしさを盛りこんだ公園の建設は住民の期待にこたえるもの。建設費も適正なので、委員会としては建設は問題なしと判断しました。

本会議

5

カフェやレストランの維持費については、どのような見解ですか？

委員長

6

わがまちの運営ではなく、民間企業との契約であれば、まちの経済をあっぱくすることはないでしょう。

委員長が話し合いの結果を伝える

委員会の委員長が、議案について話し合った結果を報告します。

質疑、議案の討論

委員会報告について、議員から委員長へ質問し、委員長が答えます。

議会ってどんなところ？ 〜議会ツアーへようこそ！〜

議員たち

みんな起立している！

本案を原案のとおり決定することに、賛成のかたはご起立願います。

閉会します！

議長

採決する

議会として議案を通すか、通さないかを決めます。議員は投票したり、立って賛成を示したり、議長の呼びかけに「異議なし」と答えたりします。

 委員長報告 ……  質疑 …… 議案の討論 …… 採決 …… 閉会

27

議会は住民のくらしのためにお金の使い道を決めたり、まちのルールを考えたりしています。議会の活動をくわしく見て、その流れを確かめていきましょう。

予算が決まるまでをチェック！

1年間に入ってくるお金を「歳入」、使われるお金を「歳出」として、予算を立てます。
予算が決まるまでの流れを見てみましょう。

まちづくりに使うお金

予算づくりは首長の大きな仕事の一つです。まちづくりに必要なサービスにかかる費用や、ものを購入する代金などをくわしくまとめて、「予算案」として議会に提出します。

歳入
（1年間に入ってくるお金）

↓

予算
（何に使うかを決める）

↓

予算を使う
（「まちづくり」を行う）

↓

歳出
（1年間で使われるお金）

↓

決算
（何にいくら使ったかをまとめる）

首長

予算の方針を決める
↓
役所の意見を聞いて予算案をつくる
↓
とりまとめ・調整
↓
議会に提出

議会

予算案をチェック！
↓
話し合い（本会議や委員会）
↓
議決

話し合いによっては予算案を修正することもあるよ！

役所

「まちづくり」を行う

首長 **議会**

決算の審査をする監査委員がチェック！
↓
首長がまとめ、議会に提出
↓
議会がチェックして議決！

お金はどこからくる？

地方自治体のおもな収入は、住民が納める税金である地方税のほかに、国から交付される地方交付税などがあります。

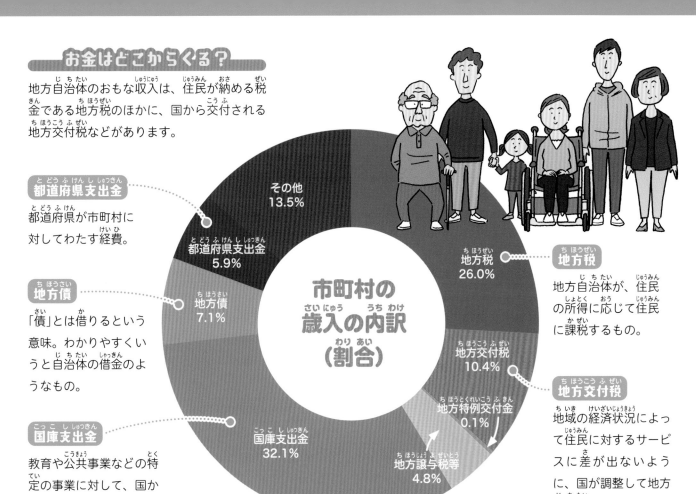

都道府県支出金
都道府県が市町村に対してわたす経費。

地方債
「債」とは借りるという意味。わかりやすくいうと自治体の借金のようなもの。

国庫支出金
教育や公共事業などの特定の事業に対して、国から支給されるお金。

市町村の
歳入の内訳
（割合）

その他 13.5%
都道府県支出金 5.9%
地方債 7.1%
国庫支出金 32.1%
地方税 26.0%
地方交付税 10.4%
地方特例交付金 0.1%
地方譲与税等 4.8%

地方税
地方自治体が、住民の所得に応じて住民に課税するもの。

地方交付税
地域の経済状況によって住民に対するサービスに差が出ないように、国が調整して地方自治体にわたすお金。

（総務省『令和4年版地方財政白書』「令和2年度の地方財政の状況」
市町村の歳入決算額の構成比より）

お金はどうやって使われる？

おもに、住民がくらしやすくするための費用として使われます。

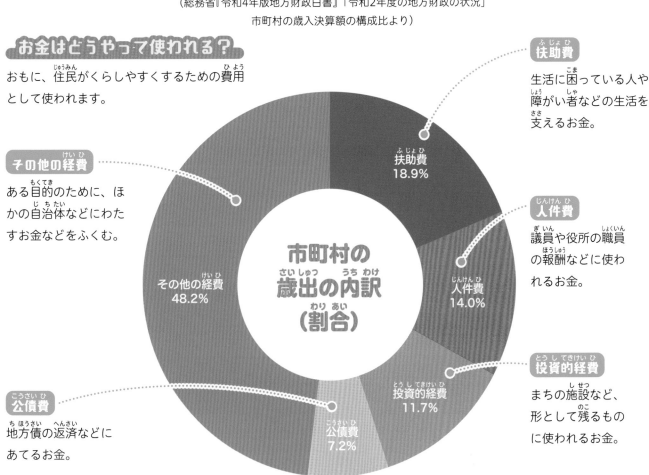

その他の経費
ある目的のために、ほかの自治体などにわたすお金などをふくむ。

公債費
地方債の返済などにあてるお金。

市町村の
歳出の内訳
（割合）

その他の経費 48.2%
扶助費 18.9%
人件費 14.0%
投資的経費 11.7%
公債費 7.2%

扶助費
生活に困っている人や障がい者などの生活を支えるお金。

人件費
議員や役所の職員の報酬などに使われるお金。

投資的経費
まちの施設など、形として残るものに使われるお金。

（総務省『令和4年版地方財政白書』「令和2年度の地方財政の状況」
市町村の性質別歳出決算額の構成比より）

議会で決めることはどんなこと？ 〜具体的なまちづくり〜

わたしたちがくらすまちには、それぞれ特徴があります。
その特徴をいかしたルール(決まり)が、まちの「条例」です。

┃まちのルールをつくろう

国が法律をつくるのと同じように、まち(それぞれの自治体)もルールを
つくることができます。まちがかかえる問題を解決したり、住民がより
快適なくらしを送れるようにしたりするためにつくられます。

法律とどう
ちがうんだろう……?

まちごとに
条例があるって
いうわけ!

条例は地方自治体のルール

法律は、日本でみんなが守るべきルールです。一方、条
例は、そのまちだけのルールです。条例を守らないと、
自治体から罰則があたえられる場合もあります。

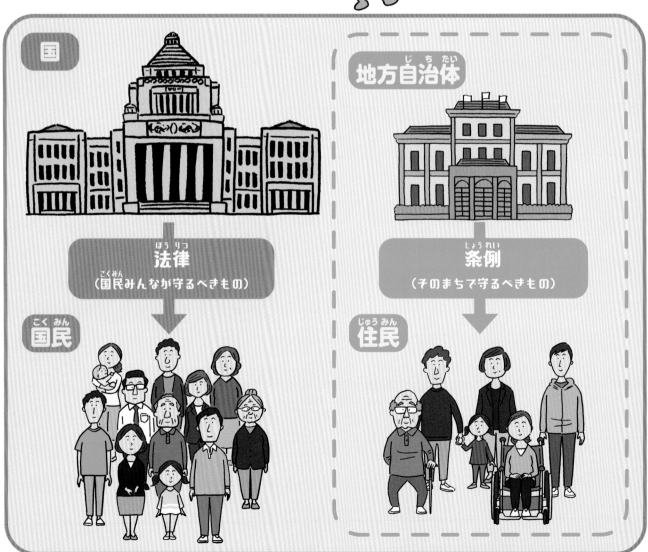

国

地方自治体

法律
(国民みんなが守るべきもの)

条例
(そのまちで守るべきもの)

国民

住民

「大分市子ども条例」成立の流れ

条例ができるまでを見てみよう！

実際の条例ができるまでの例を見てみましょう。大分県大分市では、2011年3月「大分市子ども条例」がつくられました。子どもをとりまくさまざまな問題を解決して子どもが健全に育つように、議会が条例制定に取り組みました。

 子どもの虐待を解決して！

 子育てしやすい環境を！

 少子化問題に歯止めを！

子どもを心配する声がたくさん！

なんとかしましょう！

議員たちでチームを結成して取り組みましょう！

子どもを産み、育てることへの不安が広がり、子どもをめぐるいじめ、虐待などが多くなっていたことから、子どもを守る条例をつくるチームが結成されました。

子ども条例をつくろう！

 会議

議員の全体会議や、役所の福祉や教育の担当者から説明を受けるなど、話し合いを何度もくり返した。

パブリックコメント

条例の骨組みとなる案を公開して、市民からの意見を求めた。

研修

福祉や小児科学などの専門家の意見を聞いて学んだ。

意見交換会

子どもをふくむ市民からの意見を幅広く集めた。

アンケート

子どもたちにアンケートを取り、子どもたちの思いを聞いた。

視察

子ども条例を制定している地方自治体へ足を運んだ。

33回の会議と約1年7か月の期間ののち……

 **議案**

 **議案提出**

 **本会議**

「大分市子ども条例」成立！

どんな条例があるかな？

全国各地の条例に目を向けてみましょう。地域の特徴をいかしたものや、"まちらしさ"を伝えるユーモアたっぷりのものまで、さまざまな条例を集めました。

■環境に関する条例

観光地などでまちの景観を守る目的で制定されたものや、ごみのポイ捨てを禁止するものなどがあります。

条例でガラリと変わった！

京都市屋外広告物等に関する条例（京都府京都市）

美しい景観を守るために設けられました。看板の色を制限するなど、細かくルールが決められています。

京都市を代表する四条通りは、昔、通りにつき出すように看板がならんでいましたが、条例が改正された後は看板の通りへのつき出しが禁止され、古都らしい景観になりました。

藤沢市きれいで住みよい環境づくり条例（神奈川県藤沢市）

住民の求める声に応じてできた条例です。ポイ捨てや飼い犬のふん放置などの迷惑行為を禁止しています。

とてもきれいな駅前だね！

市内の主要駅の周辺で、禁煙を呼びかける路面シートを設置。指導員による巡回パトロールも行われています。

34　34〜37ページでしょうかいした条例名は、条例の内容をわかりやすく伝えるために通称名にしたものもあります。

子どもに関する条例

有害な環境から守るため、子どもの権利を保障するため、子育てをする家庭を応援するためなど、さまざまな理由から子どもに関する条例は全国でも多く制定されています。

みんなに関係する条例がまだまだあるんだ！

丸亀市子ども条例（香川県丸亀市）

子どもの権利を大切にし、大人が協力して子どもがすくすく育つように制定されました。

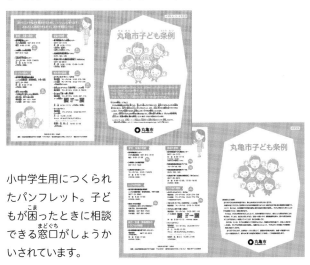

小中学生用につくられたパンフレット。子どもが困ったときに相談できる窓口がしょうかいされています。

美濃加茂市いじめ防止対策推進条例（岐阜県美濃加茂市）

地域のみんなでいじめの防止に取り組み、子どもの健やかな成長を支援することを目指して制定されました。

いじめ防止に協力する事業所・団体を募集します

地域でいじめを未然防止しましょう!!

登録募集

いじめ防止協力事業所

登録事業所・団体にお願いすること
(1) 早期発見・報告
(2) 店頭・事務所等で啓発

地域全体で子どもを見守るために、いじめ防止協力事業所を募集するポスターを作成しています。

福祉に関する条例

お年寄りを手助けする条例や、ヤングケアラー（家族の介護などをする子ども）を守る条例など、福祉に関する条例は増え続けています。

宇都宮市やさしさをはぐくむ福祉のまちづくり条例（栃木県宇都宮市）

すべての市民が笑顔で言葉を交わし、健康でいきいきとくらせる、心のふれ合う福祉のまちを目指して制定されました。

やさしさひろがる笑顔の街

やさしさで温かいまちをつくろう

市内に住む小中学生を対象に「やさしさをはぐくむ福祉のまちづくりポスターコンクール」が行われています。

人の生き方やくらしに関する条例

人間らしさを認め合うことが大事にされる社会づくりが求められる中、多様性に関する条例も生まれています。

浦添市性の多様性を尊重する社会を実現するための条例（沖縄県浦添市）

平和で豊かな社会を目指し、性の多様性について理解を深めるためにつくられた条例です。

市役所のロビーなどにかかげられているレインボーフラッグは、性的少数者への尊厳と世界的な社会運動のシンボルです。

りんごまるかじり条例（青森県板柳町）

まるかじりできるくらい、安全で高品質なりんごの生産を呼びかける条例。まちの住民の健康づくりや名産であるりんごに関する産業を盛んにすることを目的としています。

町役場に立てられている看板(右)。りんご生産が盛んな地域ならではのイベントも行われています(左)。

梅干しでおにぎり条例（和歌山県みなべ町）

梅の産地として有名なみなべ町の条例。梅干しを広めようと制定されました。全国でもよく知られている条例です。

自分でにぎるなんておもしろい！

「梅の日」である6月6日は、町内の小中学校の給食で、子どもたちが梅干しおにぎりをにぎって食べています。

牛乳で乾杯条例（北海道中標津町）

人口より牛が多いくらい酪農が盛んな中標津町。まちの産業を支える牛乳を、もっと多くの人に飲んでもらうために条例がつくられました。

条例制定後、まちのお祭りや集まりなどでも、牛乳で乾杯をする住民が増えたそうです。

日光市サル餌付け禁止条例（栃木県日光市）

かみつき事故や住宅侵入などのサル被害が続出していた日光市。原因の一つは、人の手によるえさやりだとして、餌付け（えさをあげること）を禁止する条例をつくりました。

地域の特色が出ているね！

えさやり禁止を呼びかける看板やチラシ。条例の制定で、サルの過ごしやすい環境を取りもどすことも目指しています。

安曇野松川村すずむし保護条例
（長野県松川村）

世界でもめずらしい、スズムシを保護する条例。昔から村にすむスズムシを貴重な資源として考え、保護活動を通じて地域の自然を守ることを目指しています。

村役場の前に設置されたスズムシのステンレスアート。

多可町一日ひと褒め条例（兵庫県多可町）

人と人が言葉をかけ合うことは、心と心を通わすこととして、言葉でほめたり感謝を伝えたりすることでまちを元気にする条例です。

ほめることを条例で決めるなんておもしろい！

まちの役場のかべやカウンターにも「一日ひと褒め」のスローガンがあふれています。

志布志市子ほめ条例（鹿児島県志布志市）

市内の児童生徒の個性や能力を発見して表彰することで、心も体も健康的な子どもを育てることを目指す条例です。

親切賞、親孝行賞、あいさつ賞など、さまざまな賞で子どもたちのがんばりを応援します。

意見を議会に届けよう!

住民の意見が反映されやすいのは、地方自治の大きな特徴です。住民が条例をつくったり、首長や議員を辞めさせたり、議会の解散を求めることができます。

住民にも条例がつくれる!

選挙権をもつ住民の50分の1以上の署名（自分の氏名を手書きすること）があれば、住民が条例をつくることを首長に求めることができます。

自分の意見でまちが変わるなんておもしろい!

市庁舎の引っ越しについて、住民投票で住民に賛成か反対かを聞く条例「住民投票条例」を制定したい!

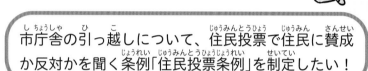

条例制定の例

選挙権をもつ人の50分の1以上の署名が集まったら条例案を首長に提出

首長は議会を開いて賛成か反対かを話し合う

結果を公表する

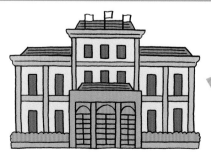

話し合いましょう!

はい!

反対が多い場合もあるよ!

過半数の賛成で条例成立!

首長・議員を辞めさせることができる!

議会の解散＊や首長・議員の解職（辞めさせること）を求めることもできます。その場合は、選挙権をもつ住民の3分の1以上の署名が必要です。

＊議員全員をいっせいに辞めさせることです。

調べてみよう！

住民が条例をつくったり、議会の解散を要求した例を調べてみよう！

選挙に不正があったはず。今の議会は解散したほうがいい！

住民投票の例

選挙権をもつ人の3分の1以上の署名が集まったら

選挙管理委員会が住民投票を行う

過半数の賛成があれば解散

しかたがない……

解散！

女性の意見を反映させよう！

地方議会では女性の議員がとても少なく、女性の意見を反映しづらいことが大きな問題になっています。自治体が主体となって、女性に向けた話し合いなどを開催し、女性が地方の政治にかかわれるように呼びかけています。

新潟県上越市で開催された話し合いの様子

上越市議会女性フォーラム

★第二部　パネルディスカッション

【パネリスト紹介】　※パネリストについては、追加・変更となる可能性があります。

佐々木 志保子 氏
新潟県見附市議会議員
【プロフィール】
1953年新潟県出身、NBT新潟放送きゃすたビ、フリーアナウンサーを経て、1996年から新潟県見附市議会議員（6期目）。2018年11月に議長就任。

今井 幸代 氏
新潟県南蒲原郡
田上町議会議員
【プロフィール】
1984年新潟県出身、筆下グループを経て、2014年町会を経、現在3期目。上町議会社会文教常任委員会委員長を務める。

池上 喜美子 氏
長野県上田市議会議員
【プロフィール】
1960年長野県出身、子育て応援団"ぱおしっと"代表等を経て、2003年から市議会議員（3期目）。2014年4月から上田市議会副議長を務める。

武藤 正信 氏
新潟県上越市議会議長
【プロフィール】
1954年新潟県出身、1999年から2004年まで柿崎町議会議員（2期）、市町村合併により2005年から上越市議会議員（4期）2年から上越市議会議長。2018年5月に議長就任。

39

「まちづくり」を実行しよう!

議会で決まったことを、役所が実行して「まちづくり」を行います。まちでくらす住民が必要なサービスを行うために、さまざまな仕事の部署(グループ)があります。

役所にはたくさんの部署があるよ!

例として東京都文京区役所のおもな組織をしょうかいするよ!東京23区の各議会も地方議会にあたるよ

企画政策部

まちづくりの計画や調整などを行います。広報や情報システムの運営なども担当しています。

文京区の公式ホームページ。区にまつわるさまざまな情報を発信しています。

区内に住んでいるすべての家庭に配布している区報。

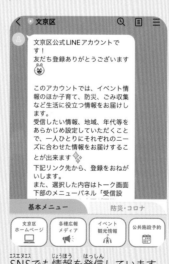

SNSでも情報を発信しています。

ケーブルテレビの運営も広報活動の一つ。

こんな課がある!

- 企画課　・財政課　・広報課
- 情報政策課

次のページにも続くよ！

総務部（そうむぶ）

組織全体の事務の取りまとめや職員の給料の支払い管理などを行います。

こんな課がある！

・総務課（そうむか）　・職員課（しょくいんか）
・契約管財課（けいやくかんざいか）　・税務課（ぜいむか）
・危機管理室危機管理課（ききかんりしつききかんりか）
・危機管理室防災課（ききかんりしつぼうさいか）

区民（くみん）の安全を守る活動として防災訓練（ぼうさいくんれん）を実施（じっし）します。

区民部（くみんぶ）

区民の生活に密着（みっちゃく）した業務（ぎょうむ）を行う部署（ぶしょ）。区民の戸籍（こせき）の管理（かんり）や商店街（しょうてんがい）の支援（しえん）などを行います。

こんな課がある！

・区民課（くみんか）　・経済課（けいざいか）
・戸籍住民課（こせきじゅうみんか）

区（く）が運営（うんえい）する、区内のスポットを回るコミュニティバス「B-ぐる（ビーぐる）」。

アカデミー推進部（すいしんぶ）

区民（くみん）の文化・学習活動の支援（しえん）やスポーツ活動などを進めるとともに、区内の観光（かんこう）名所のＰＲ（ピーアール）、国内や海外の都市との交流を行っています。

こんな課がある！

・アカデミー推進課（すいしんか）　・スポーツ振興課（しんこうか）

区と協定（きょうてい）を結（むす）ぶ社会人サッカークラブといっしょに「親子フットサル教室」を開催（かいさい）。

観光案内所（かんこうあんない）の運営（うんえい）やグルメマップ、観光ガイド利用案内（かんこうようあんない）の発行など、区（く）の観光（かんこう）に関する情報（じょうほう）を発信（はっしん）しています。

○○市役所

調べてみよう！
みんなの住むまちの役所には、
どんな部署があるかな？

福祉部

区民の生活福祉にかかわるサービスを担当します。お年寄りや障がいのある人の支援などを行います。

区、区民、東京大学が協働で開発したオリジナル体操「文の京介護予防体操」を行う地元のお年寄りたち。

こんな課がある！

・福祉政策課　・高齢福祉課　・障害福祉課　・生活福祉課
・介護保険課　・国保年金課

都市計画部

区内の土地の利用や建物の建て方などの計画を決めたり、まちの景観をよりよくする活動を行ったりします。

こんな課がある！

・都市計画課　・地域整備課
・住環境課　・建築指導課

まちづくりに細やかに取り組んでいるのがわかるね！

プロカメラマンの指導のもと、まちの風景を撮るワークショップを開催。

子ども家庭部

子どもがいる家庭に対して子育ての支援を行ったり、公立保育園を運営したりします。

子どもとその家族のためのイベントを開催。

こんな課がある！

・子育て支援課　・幼児保育課
・子ども家庭支援センター

子どもたちがゆっくり過ごせそう！

区内にある保育園の様子。

保健衛生部・文京保健所

区民の健康づくりや妊娠・出産の支援を行います。

こんな課がある！

- 生活衛生課 ・健康推進課
- 予防対策課
- 保健サービスセンター
- 保健サービスセンター本郷支所

妊娠、出産、子育てを支援する区の制度「ネウボラ事業」のパンフレット。

区民が参加する野菜の食育計画「ぶんきょうHappy Vegetable大作戦」のイベントの様子。

土木部

区が管理する道路や公園の整備や修理を進め、区民が安全に使えるようにしています。

区が管理する公園。区民が利用しやすいように手入れを重ねています。

区民の交通への意識を高めるために、交通安全教室も開催しています。

こんな課がある！

- 管理課 ・道路課 ・みどり公園課

公園を管理しているのは土木部なんだね！

資源環境部

ごみの減量やリサイクルを進めたり、環境対策などを実施したりしています。

区内のごみを回収する清掃車の管理は、資源環境部の仕事の一つ。

こんな課がある！

- 環境政策課　リサイクル清掃課　・文京清掃事務所

施設管理部

区の公共施設の管理や整備などを行います。

こんな課がある！

- 施設管理課 ・保全技術課
- 整備技術課

教育委員会教育推進部

教育委員会の開催や教科書選びなど、学校関連の仕事を行います。
科学教室など、子ども向けのイベントを開催することもあります。

こんな課がある！

- 教育総務課 ・学務課
- 教育指導課 ・児童青少年課
- 教育センター ・真砂中央図書館

そのほかの組織

- 会計管理室
- 区議会事務局
- 選挙管理委員会事務局
- 監査事務局　など

みんなで考えるまちづくり！
～自分に何ができるかな？～

わたしたちのくらしには、まちの議会や役所が大きくかかわっています。でも、まちづくりの主役は、住民一人ひとり。まちづくりのために自分に何ができるか、考えてみましょう！

さくいん

監修

廣瀬和彦

（株）地方議会総合研究所代表取締役
明治大学政治経済学部兼任講師・明治大学公共政策大学院兼任講師
元全国市議会議長会法制参事
慶應義塾大学大学院法学研究科修士課程修了
全国市議会議長会で長年にわたり議会運営・議会制度の立案・運用に携わる。

イラスト	アライヨウコ
	ニシノアポロ
	中村知史
装丁・アートディレクション	宇田隼人（ダイアートプランニング）
デザイン	土井翔史（ダイアートプランニング）
撮影	渡邊春信
構成・原稿	西野 泉
企画編集	若倉健亮（中央経済グループパブリッシング）
	シーオーツー
校正	小林伸子
	東京出版サービスセンター
協力	村山幸治（明治大学付属中野中学・高等学校教諭）
	青森県板柳町　大分県大分市議会　沖縄県浦添市
	香川県丸亀市　鹿児島県志布志市　神奈川県藤沢市
	岐阜県美濃加茂市　京都府京都市　千葉県富津市
	東京都文京区　東京都町田市議会　栃木県宇都宮市
	栃木県日光市　長野県松川村　新潟県上越市議会
	兵庫県多可町　広島県安芸高田市議会
	北海道中標津町　和歌山県みなべ町（五十音順）
写真協力	PIXTA

主な参考資料

『いちばんやさしい 地方議会の本』
『図解 よくわかる地方議会のしくみ』
（いずれも学陽書房）
『ドラえもん 社会ワールド－政治のしくみ－』
（小学館）
『10才から知っておきたい マンガでわかる！
はじめてのSDGs図鑑』（永岡書店）
●サイト
一般財団法人地方自治研究機構
総務省の仕事 for KIDS
各自治体HP

わたしたちのくらしと地方議会

❶議会と民主主義

2023年3月25日　第1刷発行

監修者	廣瀬和彦
発行所	株式会社中央経済グループパブリッシング
	〒101-0051　東京都千代田区神田神保町1-31-2
	TEL03-3293-3381　FAX03-3291-4437
	https://www.chuokeizai.co.jp
発売元	株式会社小峰書店
	〒162-0066　東京都新宿区市谷台町4-15
	TEL03-3357-3521　FAX03-3357-1027
	https://www.komineshoten.co.jp/
印刷・製本	図書印刷株式会社

©2023 Chuokeizai Group Publishing Printed in Japan
ISBN978-4-338-36101-9 NDC318　47P　30×22cm